"最美奋斗者"品德教育系列

永远在路上的记者

甘远志

罗安明/著　赵茜/绘

海豚出版社
DOLPHIN BOOKS
CICG 中国国际传播集团

幸福源自奋斗

一个人的一生应当怎样度过?

也许这个问题对小朋友们来说还有点遥远，但是有很多人终其一生都在追寻这个问题的答案。小朋友们不妨现在就想想，这一辈子你要如何度过呢?

相信《“最美奋斗者”品德教育系列》能给小朋友们带来启发。

2019年，为隆重庆祝新中国成立七十周年，学习英雄事迹、弘扬奋斗精神、培育时代新人，中共中央宣传部等评选表彰了新中国成立以来涌现的英雄模范，授予他们“最美奋斗者”称号，并开展“最美奋斗者”学习宣传活动。

“最美奋斗者”这份沉甸甸的名单，涵盖各个历史时期在各地区、各行业、各领域中脱颖而出的先进模范，既有黄继光、邱少云、王进喜、雷锋、焦裕禄、孔繁森这些耳熟能详的名字，也有钟南山、袁隆平、黄大年、南仁东、李保国等新时代的楷模。

他们是不懈的奋斗者、开拓者，是幸福生活的创造者、守护者。他们用智慧和汗水，甚至用鲜血和生命，为国家富强、民族振兴、人民幸福书写了可歌可泣的壮丽篇章，在平凡的岗位上作出了不平凡的业绩。他们是国家的脊梁、民族的英雄、时代的楷模，值得我们永远铭记。

幸福都是奋斗出来的，只有奋斗的人生才称得上是幸福的人生。希望通过这套图书，小朋友们能感受到英雄们那种昂扬向上的奋斗精神，树立正确的世界观、人生观、价值观，在“最美奋斗者”的陪伴下扣好人生的第一粒扣子！

《“最美奋斗者”品德教育系列》编委会

2021年3月

我是海南日报的退休职工老古。今天我要讲的是我的同事甘远志的故事。我们也叫他阿甘。

以前，我们经常一起去采访，
无论是陆地、海上，还是城市、乡村，
哪里有新闻，哪里就有我们的身影。
我负责拍照，他负责写稿。

阿甘出门采访总是背着一个电脑包，里面装着他的秘密武器：一台笔记本、一本采访本、一支笔。

阿甘不喜欢坐办公室，喜欢走出去直接和老百姓打交道。刚调入海南日报时，报社安排他在办公室写评论，他跑去找领导，要求去海南西部的偏远地区东方市担任记者。

那时，东方记者站已经很久没人居住，十分简陋：一间小屋布满灰尘，墙角挂满了蜘蛛网，老式空调“嗡嗡”作响。而阿甘到那儿后，却高兴得像蜜蜂找到了大花园。

他说，东方有化工城，工业企业集中，盛产香蕉、杧果和海鱼，有很多新闻可以写。

阿甘乘摩托车跑厂矿，坐农用车下农村，渴了就在路边买个椰子喝，饿了就去小店吃碗粉汤，就这样，他写出了一篇又一篇鲜活的报道。

阿甘是个拼命三郎。2001年8月底，台风直扑海南而来，东方洪水肆虐。

他冒着生命危险，登上危险的水库大坝，走进被淹没的村庄，在雨中采访。他虽然穿着雨衣，但很快全身就湿透了。狂风吹得大树左摇右摆，人根本站不稳，他仍然坚持做记录。

为了探访中国海上第一口油气井，阿甘和渔民乘一艘小船出海，寻找一片被当地人称为“沸水石”的海域。

在海上足足找了四个小时，阿甘晕船晕得厉害，胸口翻江倒海似的难受，他咬牙坚持着。

终于，他们在波峰浪谷间找到了“沸水石”。这片海域像被煮沸了一样，不停地冒出泡泡，还发出噼噼啪啪的声响，太神奇了！

找到了中国最早发现油气的地方，
阿甘兴奋极了，逢人就说能写十篇稿！

阿甘从不轻言放弃。琼州海峡
海南岛开出首列瓜菜专列。我和阿
采访，八个男人挤在一节十多平米
里。火车从海口开到西安，要走七

车厢内闷热难耐，一些媒体记
下了车，阿甘却没有打退堂鼓。

有一天晚上，火车开到湖南怀化，车厢内完全没有了网络信号。阿甘的电脑无法向报社传稿，他急得直跺脚！

火车到站停下后，他背着电脑像一阵风飞奔下车，就近找了一家有固定电话的商店，用电话线上网传回了稿件。

阿甘一路小跑回到火车站时，列车马上就要开动了。不好，他可能要掉队了！阿甘在站台上加速奔跑。“快点！快点！”乘务员几乎是在最后一秒把他拉上了车。

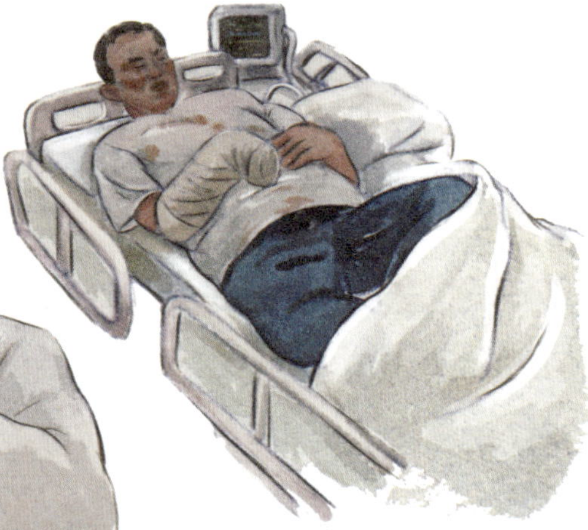

阿甘像个大侠。有一天深夜，他接到电话得知菜农老孙头被打，随即赶往调查，最终找到了坑害菜农的幕后黑手。

阿甘也像雷锋。一次去采访的途中，阿甘看到一对夫妇抱着一名溺水的小孩在路边焦急地等车，他马上下车，让出租车司机先送溺水小孩去医院。

小白因为向他提供菜霸的新闻线索，被菜霸打伤。得知此事，他拿出准备给父亲买机票的两千元送到医院，给小白当医药费。

阿甘家经济条件不好，但他不贪财。菜霸送给他几万元，让他别再写有关菜农的报道，他断然拒绝。

阿甘很少有时间回四川老家看望年迈的父母。有一次，他打电话给父亲读一首自己写给父亲的诗，读着读着就哭了。

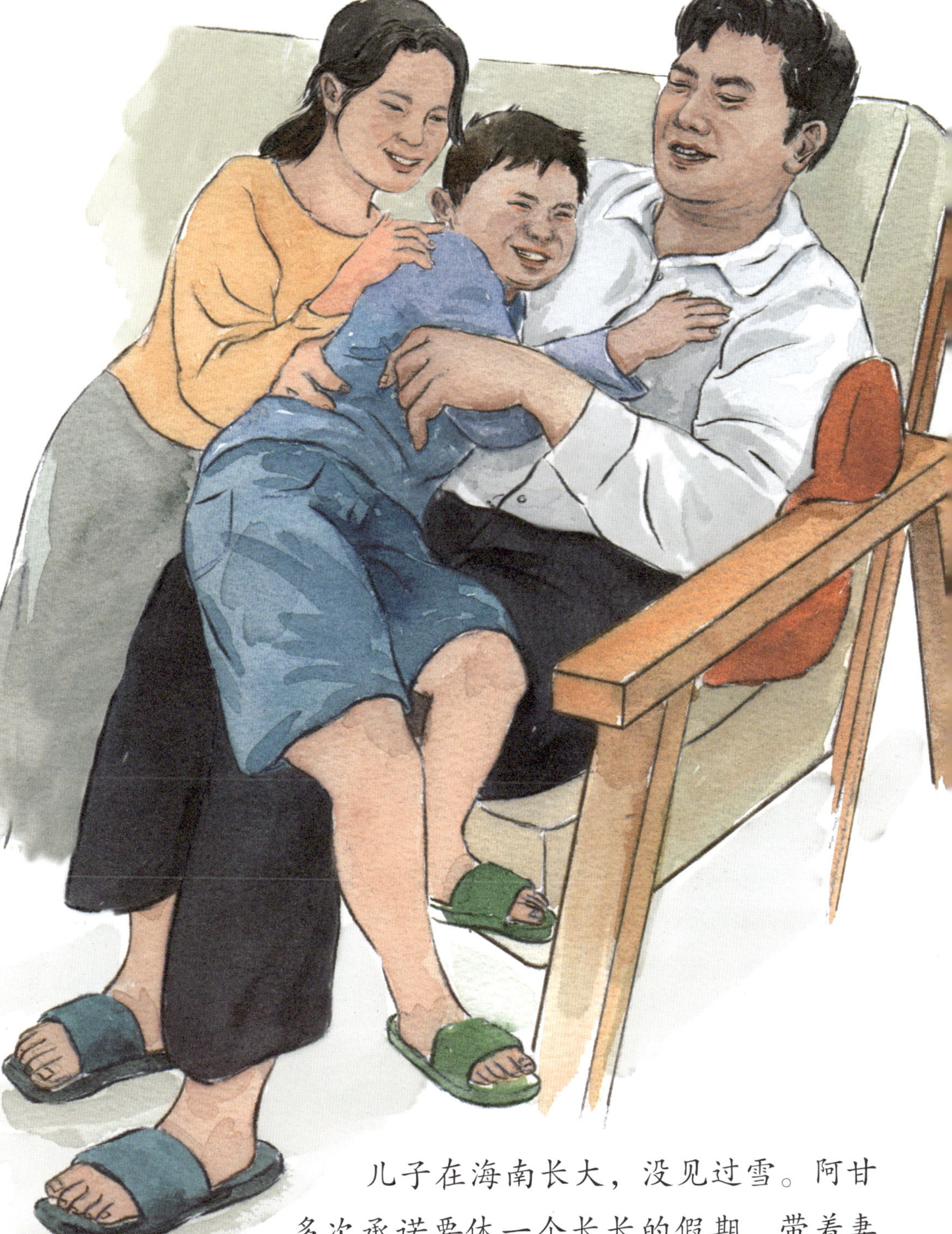

儿子在海南长大，没见过雪。阿甘多次承诺要休一个长长的假期，带着妻子和儿子去东北看雪，却一直未能实现。

阿甘在海南日报时几乎每天都在工作。同事问他累不累，他总是说，当记者可以告诉大家世界上正在发生的事情，可以为老百姓说话，再累也不觉得辛苦。

如今，海南日报社大院内竖立着一尊阿甘的雕像。每次路过，我都要在雕像前站一会儿，我们好想念他啊。

“新闻，是跑出来的。”阿甘用生命兑现了他生前常说的这句话。他是一个永远在路上的记者。